LE COMTE DE MARSY

LA PICARDIE & LES PICARDS

AU PARLEMENT DE PARIS

de 1400 à 1417

D'APRÈS LE JOURNAL DE NICOLAS DE BAYE

ABBEVILLE

IMPRIMERIE DU « CABINET HISTORIQUE DE L'ARTOIS & DE LA PICARDIE »

1889

LE COMTE DE MARSY

LA PICARDIE & LES PICARDS

AU PARLEMENT DE PARIS

de 1400 à 1417

D'APRÈS LE JOURNAL DE NICOLAS DE BAYE

ABBEVILLE

IMPRIMERIE DU « CABINET HISTORIQUE DE LA PICARDIE »

1889

LA PICARDIE ET LES PICARDS

AU PARLEMENT DE PARIS DE 1400 A 1410

Je devrais commencer cette analyse au point de vue picard
du *Journal* de Nicolas de Baye, greffier du parlement de
Paris, de 1400 à 1417, que publie M. Tuetey pour la
Société de l'Histoire de France [1], par quelques détails histo-
riques sur sa vie, mais l'éditeur ayant reporté la biographie
de Nicolas de Baye au second volume de cette publication,
je me trouve privé, quant à présent, des éléments nécessaires.
Qu'il me suffise de rappeler qu'au début, Nicolas de Baye,
indigne comme il le dit lui-même, dut pendant six mois se
borner à prendre des notes sur papier, laissant à son commis
le soin de rédiger les arrêts et autres actes du Parlement sur
les registres de parchemin.

Le journal de Nicolas de Baye n'est pas, comme celui de
Cachemarez pour le Chatelet à la même époque, un recueil

1. Paris, libr. Renouard, 1885, in-8°, 350 pp. Certaines collections étant souvent difficiles à se procurer en province et les volumes qui les composent ne renfermant quelquefois qu'un petit nombre de mentions relatives à chaque pays, nous nous proposons d'analyser un certain nombre d'entre elles au point de vue picard.

officiel, c'est un simple memento, un journal dans lequel à
côté des mentions officielles, il consigne des détails person-
nels sur sa santé, des indications sur les grands événements
et même sur la température de Paris.

Des dessins mis en marge, mais que ne reproduit pas
l'éditeur, servent parfois de point de repère, ainsi que dans
le recueil du procès de Jeanne d'Arc où le greffier a crayonné
un portrait informe de la Pucelle.

Les notes qui suivent sont tantôt des extraits, tantôt des
analyses des passages du Journal de N. de Baye relatifs à la
Picardie. Je les ai fait précéder de sommaires et, lorsque
je l'ai cru nécessaire, j'y ai ajouté quelques notes ou éclair-
cissements. Plusieurs de ces faits sont déjà bien connus,
d'autres le sont moins; sur quelques-uns, enfin, l'opinion
du rédacteur peut être intéressante à connaître [1].

HENRI DE MARLE, DOYEN DE SENLIS, ENVOYÉ A LA ROCHELLE.
16 juin 1402. — « Ce jour, Monsieur maistre Henri de
Marle m'a dit que surrogoit en son lieu Monsr le doien
de Senliz [2], son frère, pour aler à la Rochelle, avec maistre
Philippe de Boisgillon, en commissions auxquelz il a donné
congié. »

DÉMARCHE DU PARLEMENT A SENLIS AUPRÈS DU DUC DE
BOURGOGNE POUR RÉCLAMER CONTRE LA TAILLE. 20 mai 1402.
— Le Parlement se réunit en la chambre du Conseil, où
vient le Conseil du duc de Bourgogne et son secrétaire,
pour réclamer contre une taille de 12 à 13,000 francs que
l'on voulait imposer. Le Parlement qui avait refusé de publier
les lettres de la taille, décide « que la chose estoit grosse, et
avoit l'en besoin d'en parler à Monseigneur le chancelier. »

« Et en la Court fu avisié que l'un de messeigneurs les pré-

---

1. Lors de la publication du second volume, je donnerai la suite de ces extraits.

2. Voir leur biographie dans Blanchard, *Histoire des premiers Présidents au parlement de Paris*.
In-f°.

sidens iroit à Senliz, où estoit Monseigneur de Bourgoigne
pour excuser la Court. »

A la suite de la délibération que nous venons de résumer
est la cédule du duc de Bourgogne, datée de Clermont-en-
Beauvoisis, du 18 mai.

Envoi de commissaires a Amiens pour apaiser un différend
entre les officiers municipaux. 9 août 1402. — N. de Baye
nous parle des difficultés qui avaient éclaté à Amiens, où
les procureurs de la ville et maïeurs, chargés d'assurer l'exécution d'un arrêt du 4 janvier 1382 relatif au gouvernement
intérieur de la commune, s'y étaient refusés. De Marle, l'un
des présidents, avait été envoyé dans cette ville comme
commissaire avec N. de Biencourt, et ils firent un rapport
de leur mission. Le 11, le Parlement se réunit de nouveau
et décida d'envoyer une lettre à la ville d'Amiens pour lui
ordonner de payer une somme de 500 francs aux commissaires, ce qui fut exécuté le 15 juin.

Nouvelle attestation de l'origine compiégnoise de Pierre
d'Ailly. 10 janvier 1403. — N. de Baye nous entretient d'une
affaire relative à Marie du Cavech, bourgeoise de Cambrai,
poursuivie pour hérésie, et que deux sergents royaux avaient
été chargés d'arrêter. Mais l'évêque de Cambrai avait protesté
contre cet acte du Parlement, adressé une complainte à l'archevêque de Reims et fait détenir les deux sergents. La suite
de ce passage nous donne quelques renseignements biogra-
phiques sur Pierre d'Ailly et est, je crois, le plus ancien
document dans lequel l'origine compiégnoise de l'évêque de
Cambrai soit attestée [1]. Voici ce passage :

« Et pour ce que le clerc de l'eschevinage de Cambray
estoit venus excuser les eschevins dudit Cambray sur ledit
fait, et aussy avoit requiz le conseil de maistre Pierre d'Ailly,

---

1. Cette origine, du reste, n'est plus discutable aujourd'hui. Aubeclicque, M. l'abbé Morel et,
en dernier lieu, M. l'abbé Sallembier ont donné des preuves irréfutables de la naissance à Compiègne du cardinal d'Ailly.

evesque dessusdit, *qui estoit nez de Compiegne et avoit esté estu-diant et aprés maistre du Collége de Champaigne dit de Navarre,* et qui avoit eu ses estas par le Roy de France et par son moien; car il avoit esté son aumosnier et thrésorier de la Saincte Chappelle qui fust oiz avant ce que la cour appointas sur la besoigne, fu ordonné qu'il seroit oiz, et seroit dit audit clerc de l'eschevinage de Cambray que ne se partist jusques à ce que la Court averoit parlé à lui [1]. »

FRÈRE NICOLLE DE PÉRONNE, RELIGIEUX DE SAINT-QUENTIN. 10 avril 1403. — Dans cette affaire de Marie du Cavech, se trouvait compromis un religieux de Saint-Quentin, du nom de frère Nicolle de Péronne.

La Cour lui donne congé d'aller à son couvent de Saint-Quentin « jusques à ce que, environ la Penthecoste, l'on appoinctera plus pleinement en sa cause qu'il a contre les arcevesque de Reims, le procureur du Roy et Marie du Cavech, et lui a dit la Court que *interim* ne se tiegne point à Cambray pour paeur d'esclande et lui a délivrée et levée la main ycelle Court mise telement quelement à certain vin qu'il avoit audit S. Quentin. »

EXCUSES ET RENVOI DU BAILLI D'AMIENS. — Le 20 avril 1403, le bailli d'Amiens, après s'être présenté « pour soy excuser ou respondre, se l'en lui voloit aucune chose demander, pour ce que l'en lui avoit donné entendre que le procureur du Roy à Amiens se plaignoit de lui devers ycelle Court » obtient de « soy en aler. »

MORT ET FUNÉRAILLES DE JEAN DE POUPAINCOURT. — Le 21 mai 1403, nous voyons la mort d'un magistrat picard, alors premier président du Parlement, Jean de Poupaincourt, annoncée en ces termes :

---

1. Cette affaire dont on trouve la suite dans des actes du 11 avril 1403 et du 13 avril 1403 donna lieu au bannissement de plusieurs habitants de Cambrai. Plus tard, les bourgeois bannis furent rétablis dans leurs droits et défenses furent faites à l'évêque de Cambrai et au bailli de Vermandois de les rechercher de nouveau.

« Cedit jour, environ 9 heures, fu denuncé à la Court que messire J. de Poupaincourt, qui des Pasques continuelment avoit esté en lit de maladie moult grieve, d'excoriation de la vessie principaument, comme disoient les phisiciens, estoit trespassé, qui par environ III ans avoit tenu le lieu de premier président ou lieu de messire Guillaume de Senz, et par avant avoit esté ycellui Poupaincourt advocat du Roy, et lequel a finé ses derrains jours *sancte atque catholice,* comme par relation des assistens à sa fin a esté relaté : *anima ejus in pace requiescat.* »

Le 23 mai (1403) N. de Baye nous raconte l'enterrement de Poupaincourt, qui fut porté à Roye.

« Hier, après disner, alèrent messeigneurs de le Court, premier président (Henri de Marle nommé la veille) et grant foison de mesdiz seigneurs convoier à cheval le corps de messire J. de Poupaincourt, jadis premier président, que l'en portoit ou menoit à Raye, et le convoierent jusques hors de la porte Saint-Deniz. »

Ses dispositions testamentaires. — Jean de Poupaincourt avait légué 1,000 écus d'or pour la fondation d'une chapellenie dans l'église de Saint-Florent de Roye et pour la célébration d'une messe perpétuelle, et affecté, dans le cas où le legs en question serait insuffisant, ses héritages de Pont-Sainte-Maxence et de Pompoint.

Le 26 janvier 1405, le Parlement s'occupe de régler l'exécution de cette libéralité.

« Ce dit jour a esté ordonné par requeste que mil escus qu'avoit ordonné messire J. de Poupaincourt, jadis président premier céans, pour la fondation de certaines messes, seront mises devers la Court pour convertir en la rente admovtie desdites messes que la Court arbitre à L livres parisis, et seront le chapitre de Roye, en l'église duquel lesdictes messes avoient esté ordonnées, et les exécuteurs dudit Poupaincourt de quérir la dicte rente, pour laquelle, se lesdiz mil escus

ne souffisent, y sera fourni selon la teneur du testament
dudict defunct. »

Ce testament a, du reste, été publié par M. Tuetey, dans
son *Recueil de testaments enregistrés au Parlement sous le règne
de Charles VI*, p. 95. Imp. nat.

Commission donnée a H. Grimault, doyen de Noyon. —
Le 1er septembre 1403, nous voyons H. Grimault, doyen de
Noyon, chargé avec le doyen de Saint-Germain l'Auxerrois
de porter au Pape, à Avignon, le rôle, et chacun des conseillers s'imposer, les clercs de 3 écus et les laïques de 2 écus,
pour fournir aux frais de ce voyage.

Grimault s'était, parait-il, bien acquitté de cette mission,
car elle lui fut confiée une seconde fois, le 16 novembre 1409,
et il est envoyé dans ce but à Pise auprès du Pape, et chacun
des conseillers taxé à 3 francs pour son voyage, « pour ce
qu'il faut pranre le chemin par les Alemaignes, obstant les
périls des chemins de Jannes (Gènes), pour la rebellion que
les Janenois ont fait au Roy, en la personne du mareschal
Bouciquaut, gouverneur de Jannes pour le Roy. »

Ce second voyage durait encore au mois de juin 1410,
car, le pape Alexandre V étant mort, Grimault avait reçu
l'ordre d'attendre à Rome pour remettre le rôle à son successeur. Seulement ses ressources étaient épuisées et la Cour
décida le 19 juin de lui envoyer 100 écus, dont on règle le
mode de paiement.

Testament de Jean de la Grange. — Le testament de Jean
de la Grange, cardinal, évêque d'Amiens, du 12 avril 1403,
souvent cité, et dont certains legs concernent des localités
de notre pays, et notamment Élincourt, est conservé aux
Archives nationales, X¹ᵃ 9807, fᵒ 70 rᵒ.

L'abbaye de Saint-Éloi de Noyon. — Au 10 septembre 1403, nous voyons un procès dans lequel figure
l'abbaye de Saint-Éloi de Noyon, en cause avec l'évêque de

Paris, d'une part et de l'autre l'Université, un prêtre du nom de J. Morice et le procureur du Roi. Conflit de juridiction.

L'abbé de Saint-Médard de Soissons contre ses religieux. — Le 2 janvier 1404, la Cour rend un arrêt sur une cause pendante entre l'abbé de Saint-Médard de Soissons et ses religieux.

« Cedit jour, le Court, oye la relation du commissaire envoyé à Suessons entre l'abbé de Saint Mard, d'une part, et le couvent dudit Saint Mard de Suessons, d'autre part, a ordonné que le temporel dudit abbé sera miz réaument et de fait en la main du Roy, et sera gouverné par bonnes et souffisantes personnes à employer et convertir à l'entretenement et acomplissement de certain arrest ou accord par arrest du xij^e de décembre 1401, en quoy ledit abbé avoit esté condempnez jusques à ce que par la Court en soit autrement ordonné, « appellationibus frivolis non obstantibus quibus- « cunque, et aussy oppinionibus frivolis non obstantibus. »

Le peintre Colart de Laon. — Nous ne ferons que rappeler le passage relatif au peintre Colart de Laon et à un tableau qu'il avait promis de réparer pour la mi-carême 1406, M. Guiffrey ayant déjà fait connaître ce document, mais nous ajouterons que, d'après un arrêt du Parlement, la mort du peintre de Charles VI, étudié par Éd. Fleury, peut être fixée à une date de peu antérieure au 27 mai 1417.

L'abbaye de Saint-Médard de Soissons contre le duc d'Orléans. — Le 4 mars 1407, l'abbaye de Saint-Médard de Soissons plaide contre le duc d'Orléans.

« Ce jour, a ordonné et ordonne la Court que, par la main du Roy, seront gouvernez les poiz et balances contentieux entre le duc d'Orléans, d'une part, et les religieus de Saint-Mard de Suessons, par personnes non suspectes et le plait pendent. »

L'abbé de Saint-Jean des Vignes de Soissons attaqué pour avoir refusé une présentation a une bourse au collége des Dormans, 8 avril 1407. — Après l'abbé de Saint-Médard, c'est celui de Saint-Jean des Vignes qui est mis en cause, au sujet des bourses du collège des Dormans, auxquelles il n'avait pas voulu présenter Nycole Gomaud, du diocèse de Reims, lui ayant préféré un incapable, J. Sanute, maître ès-arts, et né du pays de Soissons. La Cour, après un rapport du premier président, qui était chargé de veiller à l'exécution de la fondation, et, après avoir écrit à l'abbé, désigne d'office Gomaud, comme maître dudit collège, lui fait prêter serment et charge un de ses membres de le faire mettre en possession.

Un autre différend est engagé également le 13 janvier 1410 par J. le Beguinat, procureur, au sujet d'une bourse au collège de Dormans, au nom d'un de ses neveux présenté par lui à l'abbé de Saint-Jean des Vignes. Il ne renoncera à son droit que si un autre candidat « n'est plus près de Dormans que n'est sondit nepveu, ou du linage de Dormans, selon les status dudit college. »

Jean de Fosseux et ses fils s'engagent a respecter leur femme et mère Catherine d'Arly. — Le 18 janvier 1409, la Cour fait prêter serment à quatre des enfants de Jean de Fosseux et de Catherine d'Arly, de respecter leur mère, qui, après avoir eu seize enfants de son mari, s'était séparée de lui et retirée à Abbeville depuis 1405, refusant de reprendre la vie commune. Une commission est envoyée aux baillis d'Amiens et de Tournai pour exiger le même serment de son mari et d'autres de ses fils. A ces conditions, Catherine d'Arly devra retourner auprès de son mari [1].

Les religieux de Saint-Corneille contre les gouverneurs attournés de Compiègne. 19 janvier 1409. — La

---

1. Il existe d'assez nombreuses mentions relatives à cette affaire.

Cour reçoit le procès « d'entre les religieus de saint Cornelle de Compiegne, d'une part, et les attornez et gouverneurs d'icelle ville, d'autre part, pour icellui juger, selon la forme des lettres royaulx, veu le plaidoié ou requeste du xvije de janvier 1408 et oye la relation du rapporteur. »

Nicolas de Baye ne nous donne pas de détails sur la nature de ce procès, dont on trouverait l'arrêt Xⁱᵃ 1479, fol. 59 ro.

L'ARCHIDIACRE de SOISSONS CONTRE RAOUL LE SAGE. — C'est de Soissons, nous l'avons vu, que vient le plus grand nombre de contestations.

« Le 12 juillet 1409, maistre Phelippe des Essars, arcediacre de Soissons s'est opposé et oppose que maistre Raoul le Sage ne soit pas reçu à l'office de Maistre des Requestes de l'Ostel que tenoit maistre Guillaume Boisratier, sans le oïr. »

Mais Raoul le Sage était fortement appuyé par la Reine, par le duc de Bavière, Louis, et par le grand Maitre d'Hôtel, qui vinrent s'interposer en sa faveur et la Cour, le 17, donna seulement le lendemain à maistre des Essarts pour venir dire les causes de son opposition eta près un débat contradictoire; Raoul le Sage fut choisi par la Cour et prêta serment.

Raoul le Sage, ou le Saige, dont il est ici question, est un personnage qui a joué un rôle politique très important dan.. la première moitié du xve siècle et qui se rattache par une de ses fonctions au Ponthieu. Cadet d'une famille du Cotentin, il parvint rapidement au titre pour lequel nous le voyons si énergiquement lutter; dès 1411, il est appelé au Grand Conseil du Roi, et en 1413 il devient gouverneur du comté de Ponthieu pour le duc de Touraine. Il acquiert la seigneurie de Laviers et reçoit le titre de maréchal héréditaire de Ponthieu. En 1417, il se rallie au parti du roi d'Angleterre et est l'un des plus influents conseillers de la régence du duc de Bedfort.

Nous ne le suivrons pas dans sa carrière politique jusqu'à sa mort arrivée en 1438, renvoyant à la notice considérable qui lui est consacrée dans la *Note pour servir à l'histoire de la famille Saige ou Sage, dénommée suivant les branches le Saige, le Sage, du Saige, du Sage, de Saige* publiée par notre ami M. Gustave Saige (Paris, Dounaud, 1874, in-4°).

GARDE DES CHATEAUX DE COUCY, D'ACY, ETC. 21 juin 1409. — Un arrêt désigne, du consentement du procureur du duc d'Orléans et du comte de Nevers, les seigneurs auxquels sera confiée la garde des châteaux de Coucy, d'Acy et du Chatellier.

C'est le sire d'Auffemont qui a la garde de Coucy, le sire de Sarny, celui d'Acy, etc.

Le 26 juillet, à la Tournelle, on règle la garnison de Coucy et le traitement du sire d'Auffemont.

FUNÉRAILLES DE L'ÉVÊQUE DE NOYON. — Le 8 août 1409, « la Court s'est levée à viii heures pour aler aux exeques de messire Phelippe de Molins, évesque de Noyon (décédé le 31 juillet 1409) qui est trespassé puiz huit jours aagié de iiij^{xx} ans et plus et réputé sage. »

UN SERGENT ROYAL PENDU SUR LA TERRE DE COUCY. 16 août 1409. — Le comte de Nevers, frère du duc de Bourgogne, accusé d'avoir fait pendre sur la terre de Coucy un Sergent royal chargé de l'ajourner est requis par la Cour d'établir la vérité et se justifie plus tard par serment en établissant que ses gens ont reconduit courtoisement et amicalement le sergent et que ce ne sont pas eux qui l'ont pendu et lui ont déchiré ses lettres trouvées aux pieds dudit pendu.

UN PRISONNIER DE L'ÉVÊQUE DE SOISSONS. — Toujours les habitants de Soissons. « Le 5 novembre 1409, aucuns de messeigneurs de la Court ont esté visiter à Saint-Eloy un nommé Collin Verjus, arrêté à la requête de l'Université de Paris, de l'abbé de Saint-Remi de Reims et de l'évêque de Soissons, on ne nous dit pour quel fait, mais qui été très faible et entaché d'une espèce de mélancholie ainsi que le constatèrent Jacques Saquespée, médecin, Jehan de Troyes et Gilet Desoulz-le-Four, chirurgiens, qui décidèrent qu'il fallait le mettre en bonne chambre, le bien garder, lui faire bon feu et lui bailler bonnes viandes, sans quoi il était en péril de mort. »

Quatre jours après, Oudinet Verjus versa cinq cents francs de caution pour son frère et s'engagea à le rendre dans les prisons de l'évêque de Soissons à la Chandeleur.

ACCORD POUR LE PAIEMENT DU PRIX DE LA BARONNIE DE COUCY. 7 décembre 1409. — Désignation d'un curateur à Robert de Bar, pour passer un accord avec le duc d'Orléans. Cet accord que M. Tuetey analyse en note était relatif à la vente de la baronnie de Coucy et du comté de Soissons, par Marie de Coucy, mère de Robert, au duc Louis d'Orléans.

On trouve plus loin, à la date du 13 janvier 1410, des détails sur le partage de la baronnie de Coucy.

SUCCESSION DE JEAN LA PERSONNE, VICOMTE D'ACY. 14 Janvier 1410. — Détails divers sur l'exécution du testament de Jean la Personne, vicomte d'Acy et acquiescement des exécuteurs à certaines dispositions. On voit qu'en cas de décès de son fils Guy il donnait ses armes et son nom à ses cousins Robert et Jacotin de Bellebronne. On trouve une autre mention relative à cette succession à la date du 7 juin 1410.

DIFFICULTÉS ENTRE LES PROCUREURS DU BAILLIAGE DE SENLIS ET DE L'ÉVÉCHÉ DE BEAUVAIS SUR LES LIMITES DE LEURS JURIDICTIONS. 1ᵉʳ mars 1410. — « Cedit jour, a esté maistre J. de Longueil commiz à faire l'enformation de pluseurs villes que le procureur du Roy de Senliz dit estre du bailliage de Senliz et le procureur de l'évesque de Beauvaiz, à savoir de quel bailliage elles sont. »

Malheureusement, nous n'avons pas la liste de ces localités.

LES ÉVÊQUES DE BEAUVAIS ET DE NOYON ASSIGNÉS PAR UN MARCHAND DE LUCQUES EN PAIEMENT DE 300 FLORINS A EUX

PRÊTÉS. 13 mars 1410. — Bethin d'Acy, marchand de Lucques, réclame, au nom de son compatriote Guillaume du Porches aux archevesque *(sic)* et évesque de Beauvais et de Noyon 300 florins à eux prêtés l'année précédente sur leur lettre et cédule signée de leurs propres mains et signets. L'affaire est renvoyée après Pâques.

CONFLIT DE JURIDICTION ENTRE L'ÉVÊQUE D'AMIENS, LE PROCUREUR DU ROI, ETC. 14 mars 1410. — « La Court au jour d'ici, sur le plaidoié du iij^e jour de ce présent mois et tout veu, a mis les iij appellations faictes par l'évesques d'Amiens à l'encontre du procureur du Roy, le bailli d'Amiens et autres (à néant) sans amende, et s'en iront sans jour et sans terme, et seront les cas dont a esté plaidoié reputez et les repute la Court non avenuz, et ordonne la Court et du consentement desdittes parties que l'évesque pour deffraier ledit bailli et son lieutenant paiera vj^{xx} escus. »

Une note nous apprend qu'il s'agissait d'un conflit de juridiction au sujet d'un clerc emprisonné à Montdidier par la justice royale. Jean de Hangest, lieutenant du bailli d'Amiens, ayant refusé de le rendre, l'évêque l'avait excommunié.

RUPTURE DES SCEAUX DE JEAN DE DORMANS, ANCIEN ÉVÊQUE DE BEAUVAIS. 25 juin 1410. — En présence de Regnault Rabay, conseiller du Roy et exécuteur du testament de Guillaume de Dormans, archevêque de Sens, et d'autres « cinq seaulx et un signet qui furent jadiz au feu évesque de Beauvais, nommé de Dormans, pesans un marc sept onces et demie, estant en une bourse », et trois sceaux de l'archevêque sont cassés par Jehan Mignot, orfèvre sur le Pont à Paris.

On voit par cet acte avec quel soin on s'assurait de la destruction des sceaux des personnages publics après leur mort, afin d'en éviter l'emploi frauduleux.

La première mention que nous rencontrons dans le second volume du *Journal de Nicolas de Baye* concerne Jean de Mailly qui devint plus tard évêque de Noyon et siégea, à côté de Pierre Cauchon, comme l'un des juges de Jeanne d'Arc.

NOMINATION DE JEAN DE MAILLY COMME CONSEILLER AU PARLEMENT. — Le 22 avril 1411, le vidame d'Amiens, le sire de Rambures, le sire de Boissy, le seigneur de Nourroy et autres, présentèrent à la cour des lettres royales qui nommaient leur parent maître Jean de Mailly, licencié en lois, conseiller en la Chambre des Enquêtes, à la place de maître Thibaut Thiessart. Mais, des difficultés ayant été soulevées au nom du procureur général, parce que ce siège devait être donné à l'élection, l'admission de Jean de Mailly fut ajournée. Ce fut seulement le 24 qu'après avoir vu dans les mains du chancelier « une cédule contenant iij lignes de la main du Roy, comment il voloit que ledit Mailly fust receu audit lieu », la cour « pour eschiver l'indignation du Roy, et considéré que ledit Mailly estoit bien renommé en mœurs et avoit esté à Orlians de bonne conversation, et si estoit de noble linage, et que autres foiz et maintenant le Roy avoit volu et voloit qu'il fust céans conseiller », l'élut pour conseiller clerc.

NOMINATION DU BAILLI DE SENLIS. — Au 12 septembre 1411, fut fait choix de Troillart de Maucreux, écuyer, comme bailli de Senlis, au lieu de Pierre de Précy, bailli de Senlis, par provision. Puis au 31 octobre la nomination de Charles de Breuvers, écuyer, comme bailli de Melun, et celle de Regnault d'Azincourt, comme bailli de Gisors, qui doivent également comparaître au parlement aux prochains jours de Vermandois. Le rôle s'établissait par grands bailliages dont celui de Vermandois était un des principaux et avait ses jours désignés au parlement.

Ces nominations de Baillis qui se renouvelaient tous les

deux ans donnaient, à chaque fois, lieu à des protestations et réserves de la part, soit d'anciens titulaires, soit de nouveaux candidats.

DIFFÉRENT ENTRE L'ÉVÊQUE D'AMIENS ET SON SUCCESSEUR AU SUJET DE RÉPARATIONS A L'ÉVÊCHÉ DE SAINTES. — Bernard de Chevenon, qui, avant d'être pourvu de l'évêque d'Amiens, avait eu celui de Saintes, soutient un procès contre l'évêque du Puy au sujet des dépenses à faire pour la réparation de l'évêché de Saintes. (18 septembre 1411). [1]

SITUATION POLITIQUE. — Il y aurait ici d'intéressants renseignements à puiser, au mois de novembre, sur la situation politique et le triomphe du parti du duc de Bourgogne, mais ce serait sortir du cadre spécial que nous nous sommes tracé.

ENTRÉE DU DAUPHIN AU PARLEMENT. APPEL DE LA CAUSE DE TROIS BOURGEOIS DE SAINT-QUENTIN. — Le 7 janvier 1412, le Dauphin, alors âgé de 15 ans, vint au parlement, comme lieutenant du roi, se faire installer en audience solennelle. Après une cérémonie, dont Nicolas de Baye nous donne le récit détaillé, dans lequel il rapporte la place de chacun et dit qu'il était « à l'endroit des piez de mondit seigneur, c'est assavoir, mon gros carreau à enregistrer aux jours de plaidoiries mis sur le marche-piet de mon siège et moy assiz dessus », on appela une première cause, à la demande du Dauphin, c'était un appel du bailliage de Vermandois, par Jacques et Salomon de Montigny, contre J. Louchart, bourgeois de Saint-Quentin, et le procureur du roi, au sujet du payement d'un apport dotal. « La Court, pour la révérence

---

1. Ces difficultés sur l'entretien des bâtiments épiscopaux paraissent avoir été fréquentes. Nous voyons plus loin, à la date du 26 juin 1416, l'évêque de Meaux, Jean de Saints, exercer des poursuites analogues contre son prédécesseur Pierre Fresnel, depuis évêque de Noyon et qui était alors évêque de Lisieux.

de Mons' le Dauphin qui y a fait sa clémence », admit les lettres produites par les appelants et les renvoya devant le bailli de Vermandois. Nicolas de Baye, nous l'avons déjà dit, mêle souvent à son récit des actes du parlement des observations personnelles, c'est ainsi que le 12 août 1412, il dit que « ce dit jour et les autres jours de ce moiz d'aoust et du mois de juillet, ont esté si grans chaleurs et sécheresses que oncques fussent vues de mémoire d'omme et tellement que, ledit jour xv°, en issant des églises ou maisons et à venir en rue, sembloit que l'on venist à la bouche d'un four chaut, tant estoit l'air eschaufé. »

MISSION REMPLIE PAR L'ABBÉ DE CHAALIS. — Le 23 mars 1412, l'abbé de Chaalis, adjoint à l'abbé de Citeaux, rend compte avec celui-ci de la mission qui leur avait été donnée pour trancher un différent entra l'abbesse du Trésor Notre-Dame, au diocèse de Rouen et son couvent.

DIFFICULTÉS AU SUJET DES PRÉSENTATIONS AU COLLÉGE DES DORMANS. — 4 juillet 1412. Nouvelles difficultés au sujet des présentations au collége de Dormans ou de Beauvais préten-dues par l'abbé de Saint-Jean des Vignes de Soissons et l'évêque de Meaux.

DÉMOLITION DU PONT-LEVIS DU CHATEAU DE SOISSONS; RÉCLA-MATIONS DU DUC D'ORLÉANS. Une cause intéressante pour l'histoire de Soissons est rapportée en ces termes à la date du 20 mars 1413.

« Maistre Hebert Camus, procureur de Monseigneur d'Or-léans, ou nom qu'il procède, a appellé et appelle de certain exploit fait contre lui par l'autorité de Messire J. de Bour-nonville, chevalier, soy-disant commissaire en ceste partie ou autrement, qui a fait abatre le pont leviz de son chastel de Suessons, fait perser, démolir et abatre partie des murs d'icellui chastel, fait boucher, murer et estouper certeinne poterne que ledit duc et ses prédécesseurs, contes de Suessons, ont acoustumé d'avoir et tenir oudit chastel sur la rivière d'Esne, de tout temps, et autres plusieurs exploiz, tors, griefs, excès, abus et entreprises à déclairer plus à plain en temps et en lieu. Et a requis ledit procureur ce estre enregistré assez secretement pour les périlz, car il dit que lesdiz exploiz sont faiz au pourchas, requeste ou instance des bourgois, manans et habitans de Suessons ou d'auscuns particuliers, et comme de nouvel iceulx excés venus à sa cognoïscence ».

Monstrelet (II. p. 336), dit quelques mots de cette révolte des bourgeois de Soissons contre le duc d'Orléans et ajoute que celui-ci ne put y remédier, malgré plusieurs plaintes adressées au roi et à son conseil.

SOUSTRACTION DES BULLES DE L'ABBÉ DE SAINT-ÉLOI DE NOYON. — Le 11 avril 1413, nous rencontons l'exposé d'une affaire assez délicate et fort longue que nous nous bornons à mentionner au sujet des bulles que l'abbé de Saint-Éloi de Noyon, J. de Varten, devait obtenir de Rome après son élection et que détenait un certain Anthoinne Alemant, alors prisonnier au Châtelet, mandataire du pape.

Par un arrêt du 18 avril, le parlement interdit à Antoine Lalemant, sous peine de 2,000 livres, de poursuivre, directement ou indirectement, l'abbé de Saint-Éloy, ni son église, ailleurs qu'en la cour et conserva les bulles en litige.

RÉVOLTE DES HABITANTS DE COMPIÈGNE ET DE SOISSONS. RÔLE DU PARLEMENT A CETTE OCCASION. — Ici ce place un passage assez curieux, que je cite en entier, bien qu'il ait trouvé place dans l'importante étude de M. le président Sorel, sur les sièges de Compiègne sous Charles VI et Charles VII.

« Ce jour, 21 mars 1414, sur ce que le chancellier avoit mandé, par l'un des présidens de céans, que l'en esleut ij des seigneurs de céans, et les nommast en Court pour aler en

compaignie du Roy que l'en dit qui welt aler en armes à
Senliz, à Compiègne et à Suessons, qui ont désobéy au Roy
et par especial Compiègne et Suessons, comme l'en dit, et
tiennent garnisons de gens d'armes, qui pillent et ont pillié
le païz de Valoiz et la ville d'Ay-sur-Marne, où ont prins
plusieurs preudommes et emmené prisonniers pour rançonner.
Si a déliberé la Court que à elle n'apartient point d'eslire
oudit cas, mais au Roy ou à son Conseil, et la Court est
preste d'obéir et les envoier au Roy, néantmoins la Court a
nommé, à ce que est, maistre Guillaume Chanteprime, maistre
des requestes de l'Ostel, maistre Oudart Gencien, maistre
Jaques du Gard, maistre Pierre Buffière et maistre Regnault
de Sens, desquelx le Roy pranra les ij telx que voudra et
m'a esté enjoint que ce je reporte et die audit Chancelier, ce
que j'ay fait et lui ay baillié par escript lesdis noms ».

Deux notes détaillées ajoutées par M. Tuetey, d'après la
chronique du Religieux de Saint-Denis et celle de Juvénal
des Ursins, rappellent les ravages que les gens de guerre du
duc de Bourgogne installés à Compiègne et commandés par
Huet de Lannoy, Martelet du Mesnil, le sire de Saint-Léger
et Hector de Saveuse, exerçaient dans le comté de Valois.

Il ajoute que les deux conseillers désignés, Guillaume
Chanteprime et Oudart Gencien, eurent l'occasion d'exercer
à cette occasion leurs talents de négociateurs, et rapelle comment, venus à la barrière de Compiègne pour sommer la
place de se rendre, ils reçurent cette brève réponse de ceux
de Compiègne « qu'ilz ne feroient quelque obéissance »,
réponse qu'ils durent reporter au roi à Senlis.

HERBERT L'ESCRIPVAIN, CONSEILLER. — Le 28 mars 1414,
nous voyons un conseiller du parlement du nom de maistre
Herbert l'Escripvain, qui occupait son siège depuis 1391,
demandant à le résigner en faveur d'un sien parent nommé
Guillaume Le Duc.

Nous trouvons parmi les Gouverneurs Attournés de Compiègne en 1395, 1406 et 1417, un personnage portant les mêmes noms et prénoms. Il ne peut y avoir évidemment identité entre les deux, mais tout nous porte à croire qu'ils appartenaient à la même famille, et que nous pouvons rattacher à Compiègne le conseiller « alors moult ancien et imbécille et maladif et que plus ne pouvoit servir ».

SUCCESSION DE L'ÉVÊQUE DE NOYON; LE DROIT DE HELLEBIC. — Le 7 décembre 1414, intervient une décision au sujet de l'héritage de Philippe de Moulins, évêque de Noyon, qui possédait de son vivant certain droit appelé *Hellebic,* « que ledit feu évêque prenoit sur les poissons de mer et harens amenez par les marchans forains ès hales de Paris ». Ce droit paraît avoir eu une importance considérable, car il avait été vendu par les exécuteurs testamentaires, moyennant quatorze cents écus.

DIFFÉREND ENTRE LES MAIRE ET JURÉS DE NOYON ET LES HABITANTS DE CETTE VILLE. — Le 10 décembre 1414 les « maire et jurez de Noyon viennent mettre devers la Court certeinnes lettres royaulx par lesquelles ilz puent appeler au conseil de la ville des habitans de la ville, bourgoiz ou autre, et à y venir les contraindre, que sont céans contencieuses, et a esté dit qu'il n'useront desdictes lettres jusques à ce que, parties oyes, au landemain des Roix prouchain en soit autrement ordonné.

RANÇON D'UN HABITANT DE SOISSONS, A LA SUITE DU SAC DE CETTE VILLE. — 11 janvier 1415. Nous signalerons le différend survenu à l'occasion de la rançon de Raoul de Brémont, habitant de Soissons, fait prisonnier lors du sac de cette ville par Pierre d'Ay, rançon fixée à 800 écus d'or.

SAISIE DU TEMPOREL DE L'ÉVÊQUE DE BEAUVAIS. — Le 24 mai 1415, la cour recroit à l'évêque de Beauvais, jusqu'au lendemain de la Saint-Remi, son temporel qui avait été saisi à la requête du procureur du roi, à la suite d'un procès relatif aux criées d'une maison de la ville dite l'Écu de Flandre, procès dans lequel, au dire du bailli de Senlis, l'official avait excédé ses droits. Une note nous apprend que l'évêque obtint, par lettres du 1er août 1415, l'annulation de la procédure et la mainlevée de la saisie.

LA DAME DE FOSSEUX ET SES FILLES. — La dame de Fosseux, emprisonnée à la requête du bailli d'Amiens, est une de nos vieilles connaissances. Pendant qu'elle était détenue à la Conciergerie, ses deux filles étaient séquestrées et mises dans un hôtel, sous la main de maître Charles Culdoé. La Cour, par arrêt du 19 juin 1415, les remet à leur mère, qui est aussi autorisée à parler à ses conseillers, procureurs, avocats, propres parents et amis et gens d'honneur qu'elle désirait voir.

PAIEMENT PAR DAVID, SEIGNEUR D'AUXY, AU SEIGNEUR DE BELLOY DE LA SOMME DE MILLE FRANCS. — (30 août 1415). « Ce jour, Pierre Crochet, procureur, si comme il disoit, du seigneur de Besloy en la Court du Roy à Amiens, a confessé avoir eu et receu de messire David, seigneur d'Auxy, par la main de messire David de Brimeu, chevalier, la somme de mil francs, xvj solz parisis pour pièce, en déduction de plus grant somme que devoit le seigneur d'Auxy audit seigneur de Beloy, par certain accort fait entre eux, pour arrérages de c libvres parisis de rente viagière, en quoy est tenu ledit d'Auxy audit seigneur de Besloy, pour lesquelx avoit fait exposer en vente les terres de Hangest-sur-Somme et de Famechon, et en estoit question céans. »

RUINE ET DÉSORDRES DU ROYAUME. — Malgré leur caractère général, nous n'hésitons pas à transcrire les deux notes suivantes, qui dépeignent le triste état de la France à cette époque où les Anglais et les Bourguignons étaient maîtres d'une partie du territoire :

14 novembre 1415. « Ce jour, fu délibéré sur ce que les gens d'armes destruioient tout le pueble en ce royaume, et aussi sur ce que les finances du royaume s'en aloient dehors en la destruction du royaume, sur quoy n'est pas conclu. »

Le lendemain 15, la délibération est reprise et il est décidé qu'une instruction sera rédigée par cinq ou six maitres du conseil et portée à Rouen « devers le Roy, pour ly monstrer les inconvéniens de ce royaume et les remedes advisez, veues les ordonnances *alias* advisées et faictes sur le gouvernement du royaume, et certaines lettres faictes et conseillées et non scellées touchant lesdictes finances. »

Bien des mentions inscrites sur les pages suivantes du journal de Nicolas de Baye trahissent les préoccupations que la gravité de la situation inspirait aux Parisiens.

Élection des Baillis. — Le 14 décembre 1415, la Cour procéde au renouvellement biennal des baillis auquel nous avons fait allusion plus haut. Parmi les baillis élus, citons messire Thomas de Larzy, chevalier, au bailliage de Vermandois, en remplacement de Pierre de Beauvoir, seigneur de Bellefontaine, tué à Azincourt, et le seigneur de Humbercourt (David de Brimeu), bailli d'Amiens. Monstrelet ajoute aux noms donnés, ceux des baillis de Vitry et de Senlis. Ce dernier était Pierre d'Aunay, qui fut remplacé le 27 décembre par Guillaume de Ham.

Plusieurs d'entre eux prêtèrent, le 19 décembre, devant la Cour, un serment que rapporte notre greffier et qui leur impose notamment de ne pas tenir d'autres offices que celui de baillie, de ne pas renouveler les pouvoirs des sergents ni en faire de nouveaux, de ne recevoir ni past pour la garde de leurs baillies, ni don pécuniel pour leur bienvenue, et principalement de faire résidence sur les principaux lieux de leur baillie, etc., etc.

Exécution de la sentence prononcée contre Nicolas d'Orgemont, dit le Boiteux. — Le 30 avril 1416, Nicolas

d'Orgemont, dit *le Boiteux d'Orgemont*, fils du chancelier
Pierre d'Orgemont, convaincu d'avoir pris part au complot
qui devait éclater le jour de Pâques pour mettre à mort le
roi de Sicile et le duc de Berry, fut, après avoir assisté au
supplice de ses deux compagnons, remis à la justice du chapitre de Paris. Nous ne reproduirons pas tous les détails que
donne Nicolas de Baye, car ils se trouvent dans l'*Histoire de
Paris* de Félibien, mais nous rappellerons que, parmi les
nombreux titres de Nicolas d'Orgemont, on rencontre, à côté
de ceux de maître des comptes, de chanoine de Paris et de
doyen de Tours, ceux d'*archidiacre d'Amiens* et de *chanoine de
Péronne*. Il fut condamné à la prison perpétuelle, « à pain
de doleur et eaue d'angoisse ».

BAIL DU DUCHÉ DE TOURAINE AU COMTE DE PONTHIEU. —
Le 21 juillet 1416, la Cour consulte, mais *non conclusum*, sur
le bail du duché de Touraine qui était à faire à Charles,
comte de Ponthieu, par suite de la mort du duc de Berry.

RÉCEPTION DU BAILLI D'AMIENS. — Le 27 juillet 1416, « fu
receu messire Robert d'Esne, chevalier en bailly d'Amiens. »

CONDUITE A TENIR EN PICARDIE AU SUJET DES ORDRES DONNÉS
PAR LE DUC DE BOURGOGNE, POUR S'OPPOSER A L'ARMEMENT DES
HABITANTS CONTRE LES ANGLAIS, CONTRAIREMENT AUX ORDRES
DU ROI DE FRANCE. — Les 11 et 12 août, il n'y eut pas de
plaidoyers, parce que les trois chambres s'assemblèrent pour
consulter *quid agendum* sur certaines lettres closes envoyées
par aucuns baillis et officiers du roi en Picardie et sur le
vidimus d'un mandement du duc de Bourgogne, en ses terres
de Picardie, par lequel il défendait à ses sujets et à ceux qui
étaient enclavés entre ses sujets de s'armer contre les Anglais.
La Cour avisa qu'on fit mandement aux baillis de faire crier
l'ordonnance du roi pour commander à tous vassaux de
s'armer, nonobstant le mandement du duc de Bourgogne.
Cela demanda deux jours à discuter et rédiger, et le troi-

sième ne fut point plaidé parce que l'on apprit la tentative des Anglais et des Bourguignons sur Paris, tentative dirigée par Pierre de Solre. On sait qu'après avoir échoué dans leur projet, les Bourguignons allèrent faire le sac de Beaumont-sur-Oise, « où ils prirent le chastel et tuèrent grant nombre d'ommes et femmes, et puiz s'en alèrent par le pont. » (13 août 1416).

Ajournement des procès du bailliage d'Amiens. — Le 14 décembre 1416, « ont esté receuz, dit N. de Baye, les procès par escrip du bailliage d'Amiens, et pour ce que, par l'empeschement des gens d'armes qui sont par les païz, tèlement que l'en ose rien porter par le païz, la Court a réservé aux parties à débatre les évangiles d'iceulx procès. »

Procès de plusieurs religieux de Saint-Josse-sur-Mer. — Le 19 décembre, la cour baille la détention de Damps Robert de Villers, Jacques de Boves, Guillaume Le Raté, Jacques d'Avredoing, J. Le Normant et Jacques le Brun, religieux de Saint-Josse-sur-Mer à leur abbé, pour leur faire leur procès au regard du délit commun, et règle les conditions dans lesquelles ledit abbé pourra rendre sa sentence.

Le Parlement envoie des délégués a Compiègne, auprès du Dauphin. — Le 14 juin 1417, la Cour commet deux de ses membres Ja. du Gard et C. Gencien, pour aller à Compiègne vers le Dauphin, avec les délégués de l'Université et de la ville de Paris, pour le supplier de pourvoir à la guerre que font en ce royaume les Anglais, de réprimer les brigandages, les pillards et de se rapprocher de Paris.

Le journal de Nicolas de Baye est clos le 27 janvier 1417. En effet, ce jour-là le chancelier vint en la chambre pour élire greffier, et comme Nicolas avait été, le premier jour de ce parlement, élu conseiller, il déclara qu'il « ne plus vouloit faire ledit office », et Clément de Fauquembergue lui fut donné comme successeur.

Il n'exerça ses nouvelles fonctions que deux ans, car il mourut le 9 mai 1419, âgé à peine de cinquante-cinq ans.

La notice sur Nicolas de Baye, rédigée par M. Tuetey, n'ayant paru qu'avec le second volume du *Journal,* nous n'avons pu faire connaître aux lecteurs quel était le personnage dont nous leur communiquions les impressions. Nous devons, en terminant, réparer cette omission en quelques lignes ; nous y trouverons du reste encore divers renseignements intéressants pour notre pays.

Nicolas de Baye, qui occupa une situation importante dans la magistrature et dans le clergé, non seulement appartenait à une famille obscure, mais était de condition servile. Il s'appelait comme son père Coleçon le Crantinat. Celui-ci était homme de corps des seigneurs de Baye, en Champagne, [1] et c'est à Baye, en 1364, que naquit notre chroniqueur. Protégé par un des seigneurs du pays, il fut affranchi le 15 septembre 1373 et peu après « habilité à recevoir tonsure de clerc ». Cet affranchissement fut renouvelé en 1380, et cependant, après sa mort, le fisc voulut s'emparer de ses biens et mettre obstacle à l'exécution de son testament, comme n'étant qu'un serf et un mainmortable, et ses exécuteurs testamentaires durent transiger à cet égard, après un long procès.

C'est au collège de Beauvais [2] que Coleçon de Baye fut élevé comme boursier ; il y entra en 1380, étant clerc du diocèse de Soissons ; il s'y lia avec Jean de Neuilly-Saint-Front, et conserva un profond attachement pour cette maison d'éducation dont il fut plus tard un des administrateurs et

1. M. le baron Joseph de Baye a publié en 1887 une notice sur le château et la baronnie de Baye, in-4°.

2. Le collège des Dormans ou de Beauvais, fondé par le cardinal Jean de Dormans, évêque de Beauvais, existe encore à Paris, dans la rue Saint-Jean-de-Beauvais. Occupé jusqu'à leur expulsion par les Dominicains, il a été attribué dernièrement à la communauté roumaine.

dont on trouve fréquemment la trace dans son journal. Après avoir étudié le droit à Orléans, il revint à Paris en 1395 et y était avocat, lorsqu'en novembre 1400, le Parlement lui confia une charge de greffier. Les titres, du reste, ne manquaient pas à Nicolas, car il était sous-diacre, maître ès-arts, licencié en droit civil, bachelier en décret, chanoine de Soissons et curé de Montigny-Lencoup, en Brie.

A ses émoluments de greffier, il obtint d'ajouter, peu de mois après, les gages et bourses d'une charge de notaire et secrétaire du Roi.

Malgré une grande fermeté et une indépendance de caratère dont M. Tuetey relève plusieurs exemples, ces dignités ne furent pas les seules qu'il obtint. En 1407, il possédait un canonicat à Chalons; en 1408 il reçut une des cures les plus importantes de Paris, celle de Saint-Jacques-la-Boucherie; en 1411, c'est encore un canonicat à Tournai qu'il obtint; mais tout cela ne suffisait pas encore à son ambition, et, en 1413, le chapitre de Notre-Dame de Paris lui ouvrait ses portes; c'est vers cette époque que Nicolas de Baye reçut la prêtrise. En cherchant bien, nous verrions encore notre greffier en possession de l'archidiaconé des Arcis, dans l'église de Troyes; rappelons enfin que sa dernière charge fut celle de conseiller au Parlement de Paris. Comme on le voit, le fils du serf Coleçon le Crantinat avait fait son chemin; sa fortune n'était pas moins considérable et le mobilier qui garnissait sa maison canonicale, décrit dans un inventaire qui nous a été conservé, était des plus importants.

Nous n'avons pas l'intention de refaire après M. Tuetey la biographie de Nicolas de Baye, et les renseignements que nous avons donnés suffiront lorsque nous aurons ajouté que, si l'on ne connaît pas l'héritier de sa fortune, on sait du moins qu'il fit des legs importants au chapitre de Paris.

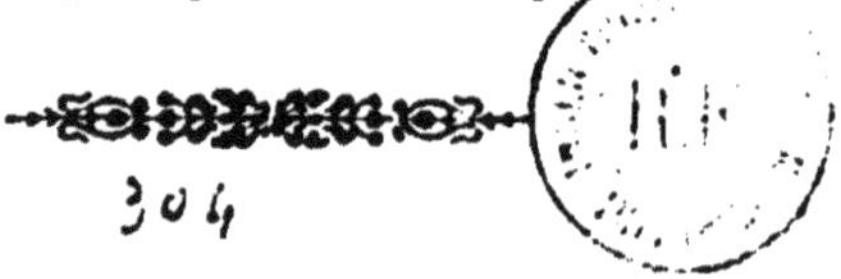